2ND GRADE SCIENCE WORKBOOK:
THE UNIVERSE AND THE GALAXY

SPEEDY PUBLISHING

Speedy Publishing LLC
40 E. Main St. #1156
Newark, DE 19711
www.speedypublishing.com

There are potentially more than 170 billion galaxies in the observable universe. Some, called dwarf galaxies, are very small with about 10 million stars, while others are huge containing an estimated 100 trillion stars.

WORD
SEARCH

Search up, down,
forward, backward,
and on the diagonal to
find the hidden words.

```
M R B Y N R C S Z C B X Y M
A R H O F B P S R Y V A M E
H K A V X A F N A V W I Z T
O N D I C X F R U Y A U Q E
E B E E Z Y N K R C W J O
X O M L F S R L Y T X Z T R
D V O G W P I A G E H U I N
S S R T C M L M T M K K F O
K H D W L E G A W S J Y H O
Q N N K L V F Q N H G M K M
B Q A J A Z A A V E Q E N O
M V E Z H P N C Q M T U G E
A Y G A L A X Y J J S X H S
R F N P G T E M O C W U K M
```

GALAXY	STAR
MILKY WAY	METEOR
ANDROMEDA	MOON
PLANET	SPACE
SUN	COMET

```
K F J Q M X Q W Y Q Y M C S
J B O T Q R T J R H N U R C
K I B S O M H I U E T A H T
S N E P T U N E C X M R R P
H A M Z H I R G R L Y I A N
I G T Q N E P E E B T X Q E
R Y L U T U U A M O M F K S
I F B I R B R O N S U N E V
A N P D Z N A X P Y V B I P
N U B K I R S Z A Q O C N
J O T S B E U M A Q A T J I
B D I R Q Q S G E U X U W K
A K U K A Q V N J Z Q L P W
L L S Z B G U L U A R P H V
```

MERCURY	SATURN
VENUS	URANUS
EARTH	NEPTUNE
MARS	PLUTO
JUPITER	TRITON

```
S I N G O O S E K U I F K R
U S W N K R M T M N Q N T C
E F X M U S B B W L J Y S O
L P U L S A R I J F H V C S
C A G U U A E L T E X E J A
U N V T V R T S A E K T N S
N C Y J M K P Z P B O O K X
E T I L L E T A S I R R Y Z
S A M O C A K M U O L Y F K
O C B C J A V H C Q J C E L
L P J S O F V O X J R Y E Z
A W I A A I N W N H O G U R
R H O O P Y O W X M P U F T
P Q I U S B C P E J K C M D
```

COMA	ORBIT
CORONA	SATELLITE
ECLIPSE	SOLAR
NOVA	UMBRA
NUCLEUS	PULSAR

```
A R R P A E K A R A L E O W
D E I M O S U S R H Y D A C
D Y B P K H L R U M B S I R
A A G E N V N E O E U B F G
D P D X H S L T S P T L E J
N S K N C T L O B H A O X W
A I J U H E B C U S Q T R C
R N Z C A O K C X L X Q H P
I O K R H F T E P E C A V U
M P F P J E Q P V F R J U B
Z E R E E C I U A O T B P U
O T S I L L A C N E Y V W Y
R O Y X K U H C P J I Z H N
M B N K H R B B Q U I O L O
```

PHOBOS	SINOPE
DEIMOS	THEBE
EUROPA	CHARON
CALLISTO	PROTEUS
ELARA	MIRANDA

```
O V M Z L K V D E E T G M B
I M C E K T Z W I I A T I W
L E I R B M U N T O A R M S
B R A E H R F A O T N X A Y
A R F T M N N B L R F E S H
M U W H T I T A N A E B Q T
O S P I A R S Z F L T B T E
G S D G Y D J H C I H M O T
T V Q B J D P R C N Y M L J
A R Z R I Z N X G Q L V Y N
C X O O Z V P G K D X S E M
G U X Q U I C E L X X D O U
U D X Y W O Y M W B B H D M
O Z Y Q J X F T K S E Y Y W
```

OBERON	RHEA
TITANIA	DIONE
UMBRIEL	TETHYS
ARIEL	MIMAS
TITAN	ATLAS

```
M T E Y H S V D A T C K G E
B P H S M Q U S O S S J N Q
S X G X R Q T P G C E V A B
Y C W U M E S M E W L U B W
A W E N R N V E Q R D D G V
P K U O U N Z I E I N C I U
H B I S T F L L N K A O B L
E D O N K L O O D U G I V V
L S N Q Y H N E B U L A L A
I J B X K E X O S P H E R E
O B H C L L A B E R I F O W
N A A D W S J Q A K D E I D
N L Q K X F P S O T X D N L
B G V K H H I N H O C Q W F
```

APHELION	EXOSPHERE
ASTEROID	FIREBALL
BIG BANG	UNIVERSE
BLACK HOLE	SUPERNOVA
NEBULA	SUNSPOT

QUIZ

Read the items carefully
and shade the circle
of your choice.

The path the earth takes around the sun.

- ○ Rotation
- ● Orbit
- ○ Day
- ○ Axis

What planet do you live on?

- ○ Mercury
- ○ Pluto
- ● Earth
- ○ Jupiter

What are rocks that have fallen from space to Earth called?

- ● Meteorites
- ○ Pebbles
- ○ Stalagmites
- ○ Space rocks

What is the hottest planet in our solar system?

- ○ Mercury
- ○ Jupiter
- ○ Saturn
- ● Venus

In the past, people used _____ to help them navigate on land and at sea.

- ○ rocks
- ○ stars
- ○ planets
- ○ continents

The changing of the shape of the bright side of the moon.

- ○ Axis
- ○ Phase
- ○ Season
- ○ Rotation

What is the closest planet to the Sun?

- ○ Venus
- ○ Earth
- ○ Mars
- ○ Mercury

A group of stars that creates a "picture" is called a _____.

- ○ bunch
- ○ constellation
- ○ cluster
- ○ nebula

The sun rises in what direction?

- ○ North
- ● East
- ○ South
- ○ West

How long does it take Earth to rotate around its axis?

- ○ 1 day
- ● 1 year
- ○ 1 month
- ○ 1 decade

What is the largest object in the solar system?

- ⦿ Jupiter
- ⦿ Sun
- ⦿ Moon
- ⦿ Pluto

The sun is a:

- ⦿ planet
- ⦿ galaxy
- ⦿ star
- ⦿ satellite

Which way does Earth rotate?

- ○ clockwise
- ● to the left
- ○ to the right
- ○ counterclockwise

The moon _____ the sun's light.

- ○ sees
- ○ shines
- ○ reflects
- ○ watches

Gravity on the moon is _____ the gravity on Earth.

- ○ greater than
- ○ equal to
- ○ lesser than
- ○ the same as

The Earth rotates on its _____ .

- ○ bottom
- ○ axis
- ○ orbit
- ○ top

ANSWER

```
+ + + + + + + S + + + + Y M
+ + + + + + P + + + + A + E
+ + A + + A + + + + W + + T
+ + D + C + + + + Y + + + E
+ + E E + + + + K + + + + O
+ + M + + + R L + + + + + R
+ + O + + P I A + + + + + N
+ + R + + M L + T + + + + O
+ + D + + + A + S + + + + O
+ + N + + + + N + + + + M
+ + A + + + + + E + + N +
+ + + + + + + + + T U + +
+ + G A L A X Y + + S + + +
+ + + + + T E M O C + + + +
```

```
+ + + + + + + Y + + + S
+ + + + + + + + R H + + R +
+ + + + + + + + U + T A + T
S N E P T U N E C + M R R +
+ A + + + + R + R + + I A +
+ + T + + E + + E + T + + E
+ + + U T + U + M O + + + +
+ + + I R + R + N S U N E V
+ + P + + N A + + + + + +
+ U + + + N + + + + O + +
J + + + + U + + + + T + +
+ + + + + + S + + + U + +
+ + + + + + + + + + + L +
+ + + + + + + + + + + P + +
```

ANSWER

```
S + + + O + + + U + + +
U + + + + R + + M + + + +
E + + + + + B B + + + + +
L P U L S A R I + + + + +
C + + + A E + T + + + + A
U + + + + + S + + + + N +
N + + + + + + P + + O + +
E T I L L E T A S I R + + +
S A M O C A + + + O L + + +
O + + + + V + C + + C + +
L + + + + + O + + + + E +
A + + + + + + N + + + + +
R + + + + + + + + + + + +
+ + + + + + + + + + + + +
```

```
+ + + + + E + A R A L E + +
D E I M O S U S + + + + + +
+ + B + + + R U + + + + +
A + + E + + + O E + + + +
D + + + H + + + S P T + + +
N S + + + T + O + + A O + +
A I + + + + B + + + + + R C
R N + + + O + + + + + + H P
I O + + H + + + + + + A + +
M P + P + + + + + + R + + +
+ E + + + + + + + O + + + +
O T S I L L A C N + + + + +
+ + + + + + + + + + + + + +
+ + + + + + + + + + + + + +
```

ANSWER

```
+ + + + L + + D + + T + M +
+ + + E + + + + I I + + I +
L E I R B M U N T O A + M S
+ R A E H R + A O T N + A Y
A + + + + + N + L R + E S H
+ + + + T I T A N + E + + T
+ + + + A + S + + + + B + E
+ + + + + + + + + + + + O T
+ + + + + + + + + + + + + +
+ + + + + + + + + + + + + +
+ + + + + + + + + + + + + +
+ + + + + + + + + + + + + +
+ + + + + + + + + + + + + +
```

```
+ + E + + S + + A T + + G +
+ + + S + + U S O + + + N +
+ + + + R + T P + + + + A +
+ + + + + E S + E + + + B +
A + + + R N V + + R + + G +
P + + O U + + I E + N + I +
H + I S + + + L N + + O B +
E D + + + + O + + U + + V +
L + + + + H N E B U L A + A +
I + + + K E X O S P H E R E
O + + C L L A B E R I F + +
N + A + + + + + + + + + + +
+ L + + + + + + + + + + + +
B + + + + + + + + + + + + +
```

ANSWER

* Orbit
* Earth
* Meteorites
* Venus
* stars
* Phase
* Mercury
* constellation

* East
* I day
* Sun
* star
* counter clockwise
* reflects
* lesser than
* axis